BEI GRIN MACHT SICH IHR WISSEN BEZAHLT

AF135508

- Wir veröffentlichen Ihre Hausarbeit, Bachelor- und Masterarbeit

- Ihr eigenes eBook und Buch - weltweit in allen wichtigen Shops

- Verdienen Sie an jedem Verkauf

Jetzt bei www.GRIN.com hochladen und kostenlos publizieren

Bibliografische Information der Deutschen Nationalbibliothek:

Die Deutsche Bibliothek verzeichnet diese Publikation in der Deutschen National-
bibliografie; detaillierte bibliografische Daten sind im Internet über http://dnb.d-
nb.de/ abrufbar.

Impressum:

Copyright © 2014 GRIN Verlag, Open Publishing GmbH
Druck und Bindung: Books on Demand GmbH, Norderstedt Germany
ISBN: 9783668222892

Dieses Buch bei GRIN:

http://www.grin.com/de/e-book/323099/internationaler-it-sicherheitsmarkt-zahlen-
fakten-trends

Tobias Steinicke

Internationaler IT-Sicherheitsmarkt. Zahlen, Fakten, Trends

GRIN Verlag

GRIN - Your knowledge has value

Der GRIN Verlag publiziert seit 1998 wissenschaftliche Arbeiten von Studenten, Hochschullehrern und anderen Akademikern als eBook und gedrucktes Buch. Die Verlagswebsite www.grin.com ist die ideale Plattform zur Veröffentlichung von Hausarbeiten, Abschlussarbeiten, wissenschaftlichen Aufsätzen, Dissertationen und Fachbüchern.

Fachhochschule der Wirtschaft
Bielefeld

Praxisarbeit

Thema:
Internationaler IT-Sicherheitsmarkt:
Zahlen, Fakten, Trends

Verfasser:
Tobias Steinicke

Studiengang:
Wirtschaftsinformatik

Eingereicht am:
29. November 2014

„If you think technology can solve your security problems, then you don't understand the problems and you don't understand the technology."

(BRUCE SCHNEIER – IT-SICHERHEITSEXPERTE)

„If you spend more on coffee than on IT security, you will be hacked. What's more, you deserve to be hacked."

(RICHARD A. CLARKE – US-AMERIKANISCHER TERROR-EXPERTE UND EHEMALIGER BERATER FÜR CYBERSECURITY)

Inhaltsverzeichnis

Tabellenverzeichnis

Abbildungsverzeichnis

Akronyme

APT	Advanced Persistent Threats
BYOD	Bring Your Own Device
CEO	Chief Executive Officer
CFO	Chief Financial Officer
CIO	Chief Information Officer
IAM	Identity and Access Management
ITIF	The Information Technology & Innovation Foundation
KMU	Kleine- und Mittelständische Unternehmen
M2M	Machine-to-Machine
MEA	Middle East & Africa
PoS	Point of Sale
USA	United States of America
UTM	Unified Threat Management
VI	Virtual Infrastrucure

1 Einleitung

Die Digitalisierung der Gesellschaft schreitet weiter voran und hält in immer mehr Arbeits- und Lebensbereichen Einzug. Allein zwischen 2007 und 2013 hat sich die Zahl der Internetnutzer weltweit mehr als verdoppelt.[1]

In jüngster Zeit reißen jedoch vor allem die Negativschlagzeilen um Datenspionage, fehlende Datensicherheit und gravierende Sicherheitslücken nicht ab: Die USA und Großbritannien spionieren mit ihren Überwachungssystemen *Prism*[2] und *Tempora*[3] unzählige von Nutzerdaten und Verbindungen. Als „NSA-Affäre" bekanntgeworden, schafft es das Themain die Themen-Top-3 der deutschen TV-Nachrichten.[4] Bei Cyberattacken auf Software- und Internetkonzerne wie EBAY oder ADOBE werden millionenfach Zugangsdaten gestohlen[5] und schwerwiegende Sicherheitslücken wie HeartBleed, ShellShock und Poodle machen hunderttausende Webserver verwundbar.[6]

IT-Sicherheit rückt für Unternehmen immer stärker in den Fokus und ist zunehmend nicht mehr nur ein Thema für IT-Professionals, sondern vielmehr des Managements.[7] Im Zuge eines stetig wachsenden Marktes[8] für vernetzte Systeme in Unternehmen, getrieben durch neue Technologien wie *M2M-Kommunikation* oder *Bring-Your-Own-Device* (BYOD), wächst auch der Bedarf an IT-Sicherheit, um geistiges Eigentum und Betriebsinterna vor Daten- und Wirtschaftsspionage zu schützen. Im Privatsektor sind Technologien wie das vernetzte Zuhause („*SmartHome*") und *Cloud*-Dienste auf dem Vormarsch, sodass bei den Bürgern das Bedürfnis nach Mechanismen zum Schutz der eigenen Privatsphäre wächst.

1.1 Zielsetzung

Die vorliegende Praxisarbeit soll – unter Berücksichtigung der gegenwärtigen Situation innerhalb und außerhalb Europas – eine Übersicht aktueller Bedrohungen für IT-Systeme geben. Ferner sollen der IT-Sicherheitsmarkt und seine Markttreiber charakterisiert werden. Insgesamt wird der Fokus dabei stärker auf Unternehmenssicht, als auf den Privatsektor gelegt.

---

[1]   Vgl. INTERNETLIVESTATS.COM (2014)
[2]   Vgl. GELLMAN, BARTON und POITRAS, LAURA (2013)
[3]   Vgl. MACASKILL, EWEN et al. (2013)
[4]   Vgl. KRÜGER, UDO MICHAEL (2014), S. 80
[5]   Vgl. HEISE SECURITY (2013), (2014)
[6]   Vgl. MUTTON, PAUL (2014); GAYER, OFER (2014); BÖCK, HANNO (2014)
[7]   Vgl. PRICEWATERHOUSECOOPERS (2014), S. 1
[8]   Vgl. DR. POLS, AXEL (2013)

1.2 Thematische Abgrenzung

Der Bereich „IT-Sicherheit" zählt gerade in jüngster Zeit sicherlich mit zu den interessantesten Themen der Informationstechnologie. Er umfasst Strategien und Maßnahmen, um zum einen die Verfügbarkeit von IT-Systemen zu gewährleisten und zum anderen, um das eigene Netzwerk vor unbefugten Zugriffen und Datendiebstahl zu schützen.[9] Da es sich somit um ein sehr breitgefächertes Thema handelt, kann aufgrund der Vorgaben nur ein limitierter Einblick gegeben werden. Eine Unterteilung des Marktes wird nicht durchgeführt, sodass bspw. keine dedizierte Betrachtung des Marktes für physische Sicherheit (u. a. zur Prävention von Schäden durch höhere Gewalt) erfolgt. Der primäre Fokus wird mehr in Richtung *Cyber-Sicherheit*, d. h. IT-Sicherheit im Zusammenhang mit Internet und vernetzen Systemen gelegt.

In der vorliegenden Praxisarbeit wurde versucht, die weltweite Situation zu beleuchten, wobei sich dies aufgrund der zur Verfügung stehenden Quellen in den meisten Fällen auf Europa (Deutschland eingeschlossen) und die USA beschränkt. Umfangreiches Quellenmaterial für z. B. den asiatischen Markt stand zum Zeitpunkt des Verfassens nicht oder nicht ausreichend zur Verfügung.

1.3 Aufbau und Struktur

Insgesamt gliedert sich die Arbeit in vier Kapitel, deren Rahmen durch Kapitel 1 (*Einleitung*) und Kapitel 4 (*Fazit und Ausblick*) gebildet wird.

Kapitel 2 (*Status Quo der IT-Sicherheit*) beleuchtet gegenwärtige Bedrohungen sowie die aktuelle Situation der IT-Sicherheit und bereitet auf den Hauptteil vor. Dieser ist in Kapitel 3 und behandelt das Kernthema „Internationaler IT-Sicherheitsmarkt" der vorliegenden Arbeit. Es erfolgt eine Übersicht des Marktes (Abschnitt 3.1), sowie dessen Markttreibern (Abschnitt 3.2).

---

[9] Vgl. LAUDON, KENNETH C., LAUDON, JANE P. und SCHODER, DETLEF (2010), S. 1015

2 Status Quo der IT-Sicherheit

2.1 Unternehmen im Fokus von Cyberkrimminellen

Vor allem für Unternehmen hat die Art Bedrohung ihrer IT-Systeme in den letzten Jahren einen Wandel durchlaufen: In den letzten drei Dekaden dominierten primär Computerviren und -würmer sowie Phishing-Mails, die durch willkürliche Verbreitung Schäden in IT-Landschaften anrichteten.[10] Mittlerweile gibt es verstärkt gezielte und systematische Angriffe auf große Unternehmen,[11] da sie typischerweise handelsstrategische Dokumente, Informationen über künftige Produktdesigns oder Kundendaten besitzen.[12]

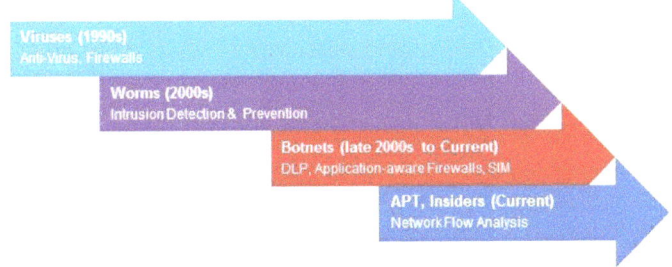

Abb. 2.1: Evolution von Cyber-Bedrohungen seit Anfang der 1990er
Quelle: MARKETSANDMARKETS (2013)

Aber auch Kleine- und Mittelständische Unternehmen (KMUs) stehen im Fokus der Cyberkriminellen, wenngleich sie auf den ersten Blick als „nicht relevante Ziele" eingestuft würden.[13] Bei den so genannten „Hidden Champions" aus Branchen wie Maschinenbau, Elektrotechnik und Fahrzeugtechnik verzeichneten bspw. 30% der deutschen Unternehmen mit mehr als 20 Mitarbeitern Cyberangriffe in den letzten zwei Jahren. Hierbei kristallisierte sich heraus, dass mehr als die Hälfte (58%) der Angriffe von Innen, d. h. durch eigene oder externe Mitarbeiter, erfolgte.[14] Dass kleinere Unternehmen attackiert werden, liegt aber auch an dem Versuch der Cyberkriminellen, bei Großunternehmen „einen Fuß in die Tür" zu bekommen. Oftmals sind die kleineren Unternehmen als Zulieferer mit dem Netzwerk der Großunternehmen verbunden, sodass Cyberkriminelle über

---

[10]   Vgl. VIRUSLIST.COM (2008)
[11]   Vgl. KASPERSKY LAB (2013); SYMANTEC (2014), S. 18
[12]   Vgl. PRICEWATERHOUSECOOPERS (2014), S. 7
[13]   Vgl. SOPHOS GMBH (2014), S. 18
[14]   Vgl. BUNDESKRIMINALAMT (2014), S. 3

die vermeintlich schwächer geschützten Netzwerke an einen Zugriff gelangen können.[15]

In der Gesamtbetrachtung stieg die Zahl der Angriffe zwischen 2013 und 2014 um 48% auf insgesamt 42,8 Millionen an, was mehr als 117.000 Angriffen täglich entspricht. Vor allem in Europa wurde ein signifikanter Anstieg verzeichnet, wobei die Dunkelziffer nicht entdeckter Angriffe insgesamt noch weitaus höher liegen dürfte. Resultierend entstand global betrachtet ein durchschnittlicher finanzieller Schaden in Höhe von 2,16 Millionen Euro.[16] MCAFEE beziffert den verursachten Schaden mit 320 Milliarden Euro per anno.[17]

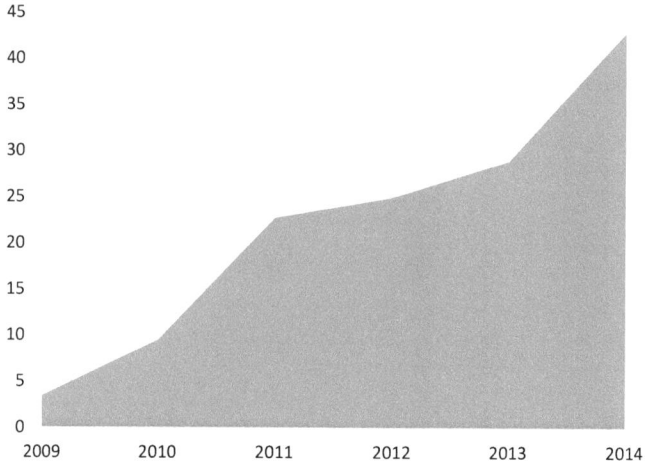

Abb. 2.2: Anzahl Cyberattacken auf Unternehmen (in Mio.)
Quelle: Eigene Darstellung

„Advanced Persistent Threats" sind laut aktuellen Sicherheits-Jahresberichten von SOPHOS und CISCO stark auf dem Vormarsch.[18] APTs stellen unter Einsatz verschiedener Techniken systematische Angriffe auf Regierungseinrichtungen, Unternehmen und Personen dar, bei welchen die Angreifer langfristig Zugang zum Zielnetzwerk erhalten wollen. Dieses wird durch speziell auf die Opfer zugeschnittene Angriffsmethoden erreicht.[19] STUXNET, ein Schädling der gezielt Industrieanlagen mit SIEMENS S7-Steuerungen infizierte, oder dessen Nachfolger

---

[15] Vgl. PRICEWATERHOUSECOOPERS (2014), S. 7
[16] Vgl. ebd., S. 8 ff.
[17] Vgl. MCAFEE (2014), S. 2
[18] Vgl. SOPHOS GMBH (2014), S. 1; CISCO SYSTEMS, INC. (2014), S. 41 f.
[19] Vgl. BSI (2013), S. 5

DUQU waren prominente Beispiele großangelegter und geplanter Attacken.[20]
Hervorzuheben ist hierbei, dass STUXNET ursprünglich durch die Regierungen Is-
raels und der USA in Auftrag gegeben wurde, um u. a. iranische Atomkraftwerke
lahmzulegen.[21]

Neuester Trend ist zudem der Einsatz von „Watering Hole"-Attacken. Bei diesen
suchen Angreifer gezielt nach potentiellen Opfern, z. B. über soziale Netzwerke. Die Angreifer versuchen dabei an Informationen über die Interessen (wie
bspw. favorisierte Webseiten) ihrer Opfer zu gelangen. Danach erfolgen Angriffe auf diese vermeintlich seriösen Webseiten, z. B. per Cross-Site-Scripting, um
dann mittels platzierter Malware auf den Rechner des Opfer zu gelangen.[22] Eine
weitere populäre Methode ist das „Spear-Phishing", bei welchem personalisierte
Phishing-Mails an die Opfer versendet werden. Unter dem Deckmantel einer
gefälschten Identität verschicken Angreifer E-Mails als Absender der Lieblings-
webseite und versuchen so die Anwender auf gefälschte Webseiten zu locken.[23]
SOPHOS stellte ferner fest, dass bspw. die Anzahl der Angriffe auf Bankkon-
ten nicht erheblich zugenommen hat, dafür die Intensität der Angriffe, welche
insgesamt als „hartnäckiger" beschrieben werden.[24]

2.2 Bedrohungen durch alte Technologien

Nicht nur neue, auch alte Technologien wie das Betriebssystem Windows XP stel-
len Unternehmen vor Herausforderungen zum Schutz ihrer IT-Landschaften.
Trotz dem endgültigen Supportende des 13 Jahre alten Betriebssystems im
April 2014, liegt der weltweite Marktanteil (wenn auch rückläufig) bei noch im-
mer fast 20% (Oktober 2014: 17,18%).[25] Problematisch ist, dass u. a. verschiedene
Kassensysteme (PoS-Systeme) oder medizinische Geräte, deren Betriebssyste-
me auf Windows XP basieren, sich nur schwer patchen oder ersetzen lassen.
Somit entstehen hohen Risiken z. B. bei Transaktionen mit Kreditkarten. Die
Kreditkartengesellschaft VISA alarmierte im Dezember 2012 Händler vor der
Malware Dexter, welche Kassensysteme befällt, Magnetstreifendaten stiehlt und
an einen zentralen Server schickt.[26] Die amerikanische Lebens- und Arzeimittel-
Überwachungsbehörde warnte im Juni 2013 vor Malware, die medizinische Gerä-

---

[20] Vgl. HEISE SECURITY (2010), (2011)
[21] Vgl. SANGER, DAVID E. (2012)
[22] Vgl. GRIMES, ROGER A. (2013)
[23] Vgl. KASPERSKY LAB (2014)
[24] Vgl. SOPHOS GMBH (2014), S. 18
[25] Vgl. NETMARKETSHARE (2014)
[26] Vgl. VISA INC. (2012)

te infizierte und funktionsuntüchtig machte. Teilweise konnte die Malware auf Patientendaten, Überwachungssysteme oder implantierte Geräte zugreifen.[27]

2.3 Bedrohungen durch neue Technologien

Aktuelle Trendthemen wie *Cloud*-Dienste, die auch im privaten Sektor eine immer stärkere Rolle spielen, oder *BYOD* rücken verstärkt in den Fokus der Unternehmen. Malware-Bedrohungen auf mobilen Endgeräten machten 2013 laut einer Cisco-Studie nur 1,3% aller Malware-Bedrohungen aus, dennoch werden sie in Zukunft eine größere Gefahr darstellen.[28] Dies liegt vor allem an noch immer mangelndem Sicherheitsbewusstsein der Anwender, z. B. durch Herunterladen unbekannter und ggf. schädlicher Apps.[29] Gerade auf mobilen Endgeräten mit Android-Betriebssystem hat die Anzahl der Malware-Apps zugenommen. Bereits 2010 konnten die SophosLabs über 300 Malware-Familien identifizieren, darunter z. B. der Trojaner *Ginmaster*, der gut getarnt allein zwischen Februar und April 2013 über 4.700 Android-Smartphones infizierte.[30] Begrenzte IT-Budgets begünstigten unsichere *BYOD*-Infrastrukturen ebenfalls, wodurch die Absicherung oftmals nicht ausreichend ist.

Cloud-Dienste werden weiterhin sowohl für Unternehmen als auch für private Anwender immer populärer, wenngleich der Aufwärtstrend mit der „NSA-Affäre" gerade in Deutschland einen Dämpfer bekommen hat. In vielen Unternehmen ist noch immer die Angst vor Angriffen oder der Diebstahl von sensiblen Unternehmensdaten verbreitet.[31] Einer Studie der ITIF zufolge könnten amerikanische Anbietern durch die Affäre in den nächsten drei Jahren zwischen 17–28 Millionen Euro verloren gehen.[32] Nachrichten über Angriffe und Diebstähle bei Plattformen wie Dropbox oder Apples iCloud sorgen für zusätzliche Skepsis. Auch wenn die Unternehmen die Schuld (teilweise begründet) von sich weisen und Datendiebstähle oft am Nutzerverhalten[33] – zu schwache Passwörter zu wählen – oder unsicherer Drittanbieter-Diensten[34] begründet liegt, schwingt ein gewissen Misstrauen in die Technologien selbst mit.

---

27 Vgl. Food and Drug Administration (2013)
28 Vgl. Cisco Systems, Inc. (2014), S. 34 f.
29 Vgl. Bitkom (2012)
30 Vgl. Sophos GmbH (2014), S. 7
31 Vgl. Bitkom (2014), S. 1 f.
32 Vgl. Castro, Daniel (2013), S. 1
33 Vgl. Heise (2014)
34 Vgl. Dropbox Blog (2014)

3 IT-Sicherheitsmarkt

3.1 Marktübersicht

Der Markt für IT-Sicherheitslösungen wächst, Marktforscher GARTNER prognostiziert für 2014 einen Zuwachs von 8%.[35] *Zum Vergleich:* Die gesamte IT-Branche wuchs 2013 laut EITO um 3,3% (auf 1,18 Billionen Euro Umsatz).[36]

Unternehmen realisieren zunehmend, dass Cyberattacken eine reale, nicht abzuschätzende Gefahr darstellen. Laut einer Studie von CBINSIGHTS stiegen die Unternehmens-Ausgaben für IT-Sicherheitslösungen in den USA auf 52 Milliarden Euro, eine Verfünffachung seit 2009. Bis 2016 schätzt man einen Zuwachs auf 75 Milliarden Euro.[37] Auch wenn 73% des US-Marktes durch einheimische Unternehmen abgedeckt wird, verzeichnet man Zuwächse bei ausländischen Unternehmen u. a. aus Europa (13%) oder Asien (8%).[38]

Abb. 3.1: Ausgaben für IT-Sicherheit bis 2019/2020 (USA, Europa, Mittlerer Osten & Afrika)
Quelle: Eigene Darstellung

---

[35] Vgl. GARTNER (2014c)
[36] Vgl. DR. POLS, AXEL (2013)
[37] Vgl. ACKERMANN, BOB (2014)
[38] Vgl. CBINSIGHTS (2014)

Der europäische IT-Sicherheitsmarkt umfasst 2014 laut Marktforscher MICRO-
MARKET MONITOR ein Volumen von rund 20 Milliarden Euro. Mit einer jährli-
chen Wachstumsrate von 7,2% prognostiziert man einen Zuwachs auf 28,5 Milliarden Euro bis zum Jahr 2019.[39] Für den *Mittleren Osten & Afrika* (MEA) wird ein
Wachstum von 13,7% p.a. prognostiziert, sodass dieser Markt auf fast 11 Milliarden Euro wachsen wird (2014: ca. 5,6 Milliarden Euro).[40]

PRICEWATERHOUSECOOPERS führte kürzlich eine Umfrage durch, an der weltweit 9.700 CEOs, CFOs und CIOs von verschiedenen Unternehmen unterschiedli-
cher Größen teilnahmen. Ziel war die Ermittlung der Budgets für IT-Sicherheit
zwischen 2013 und 2014. Summa summarum stiegen die Budgets in den Großunternehmen[41] und mittelgroßen Unternehmen[42]. Bei den Kleinunternehmen[43]
verzeichnete man jedoch einen deutlichen Rückgang (-20,5%), wobei eine exakte
Erklärung dafür nicht ermittelt werden konnte.[44]

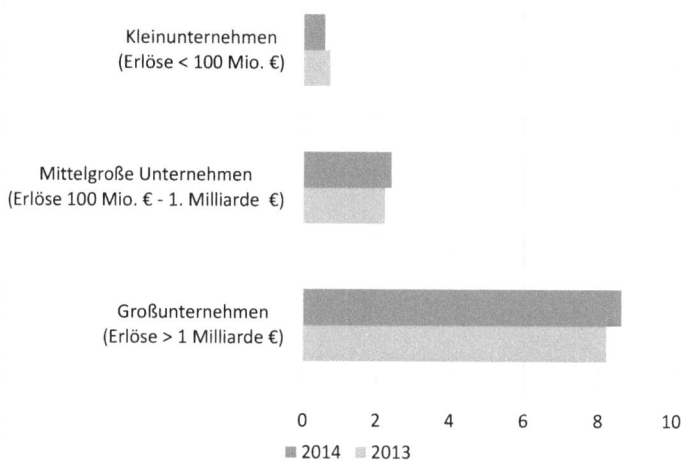

Abb. 3.2: Durchschnittliche Budgets für IT-Sicherheit in Unternehmen 2013-2014

---

[39] Vgl. MICROMARKET MONITOR (2014a)
[40] Vgl. MICROMARKET MONITOR (2014b)
[41] Erlöse p.a.: >1 Milliarde Euro
[42] Erlöse p.a.: 100 Millionen Euro bis 1 Milliarde Euro
[43] Erlöse p.a.: <100 Millionen Euro
[44] Vgl. PRICEWATERHOUSECOOPERS (2014), S. 9

Während früher ausschließlich Big-Player wie MCAFEE und SYMANTEC den Markt für IT-Sicherheitslösungen mit AntiVirus- oder Endpoint-Security-Produkten dominierten, ist der Markt für Sicherheitslösungen unterdessen feingranularer geworden: 2013 wurden knapp 500 spezialisierte Anbieter von Lösungen für verschiedene Anforderungsbereiche und -nischen wie Cloud Identitätsmanagement, Disaster Recovery, Mobile Security, UTM, Next Generation Firewalls und Next-Generation Threat Protection, Web Filtering, IAM, Sicherheitslösungen für virtuelle Infrastrukturen oder Endpoint-Verschlüsselung gezählt.[45]

Kategorie	Anbieter
Mobile Security	Airwatch, Mocana
Next-Generation Threat Protection	FireEye
Cloud-Identitätsmanagement	Okta, Ping Identity
VI-Security	Catbird, Hytrust

Tab. 3.1: Auszug von aufsteigenden Anbietern für spezialisierte und Nischenlösungen für IT-Sicherheit

Auch Risikokapitalgeber wie INTEL CAPITAL, KLEINER PERKIS CAUFIELD & BYERS oder SEQUOIA CAPITAL haben ihren Fokus auf den IT-Sicherheitsmarkt gelenkt: Seit 2010 investierten sie knapp 1,1 Milliarden Euro in rund 240 IT-Sicherheitsunternehmen.[46]

Mittlerweile gibt es zwischen dem IT-Sicherheitsmarkt und dem Versicherungsmarkt ebenfalls Überschneidungen. Die Versicherungen haben erkannt, dass ein für sie attraktiver Markt existiert und bieten Unternehmen Cyber-Versicherungen an. Diese sollen insbesondere bei Verlust von personenbezogenen oder vertraulichen Daten greifen (und der damit verbundenen Haftung), versichern u. a. aber auch die anfallenden Krisenmanagementkosten oder Zahlungen an Erpresser.[47]

Während Cyberversicherungen in der USA „bereits fester Bestandteil im Versicherungsportfolio"[48]n Unternehmen sind und inzwischen ein Marktvolumen von rund 1,6 Milliarden Euro umfassen[49], wächst der Markt in Europa in den letzten Monaten zunehmend. Versicherer wie HDI[50] oder AIG[51] verzeichnen eine stärkere Nachfrage nach entsprechenden Produkten und haben teilweise

---

[45] Vgl. CBINSIGHTS (2014)
[46] Vgl. ACKERMANN, BOB (2014)
[47] Vgl. BEHRENDS, JOHANNES (2013), S. 24 f.
[48] Vgl. CHOUDHRY, UMAR (2014), S. 29v
[49] Vgl. BHATTARAI, ABHA (2014)
[50] https://www.hdi-gerling.de/de/industrie/produkte/financial_lines/cyber
[51] https://www.axa.de/geschaeftskunden/absicherung-von-it-und-cyber-risiken

bereits Produkte in ihr Portfolio aufgenommen. Einer Berechnung der Alli-
anz-Versicherung zufolge, wird in Europa bis 2018 ein potentielles Prämienvolu-
men von 700-900 Millionen Euro vorhanden sein.[52] Aktuelle Schätzungen vom
Risiko- und Versicherungsmanager Marsh & McLennan Cos. liegen bei knapp
120 Millionen Euro.[53]

3.2 Markttreiber

Wie bereits in der Studie „Der IT-Sicherheitsmarkt in Deutschland" erläutert
wurde, wird der IT-Sicherheitsmarkt zum einen durch technologische Trends an
sich beeinflusst[54], zum anderen durch die Abnehmer der Technologien. Abnehmer
sind vordergründig Wirtschaft und Privathaushalte, aber auch die Politik.

3.2.1 Wirtschaft-/Privatsektor

Aus dem Wirtschafts- und Privatsektor wird das Thema IT-Sicherheit vor allem
mit der Verbreitung von *Social Media* und dem Einzug neuer Technologien wie
Cloud-Computing, dessen Markt laut Marktforscher IDC 2014 um 25% auf knapp
80 Milliarden Euro wachsen soll[55], oder *BYOD* fokussiert. 2015 werden rund
2,5 Milliarden Menschen das Internet über ihr mobiles Endgerät nutzen.[56]ne aktuelle Umfrage ergab, dass allein in den USA 40% aller Angestellten persönliche
Endgeräte wie Notebooks, Smartphones oder Tablets für geschäftliche Aufgaben
verwenden.[57] Dies wird vor allem dann sehr problematisch, wenn die Geräte nicht
ausreichend geschützt sind. Da *Bring-your-own-Device* in immer mehr Unternehmen ein Thema wird, müssen Unternehmen mit Hilfe von Sicherheitslösungen
Strategien zum Schutz ihrer Netzwerke und Daten entwickeln. Mehr als 75%
aller mobilen Applikationen werden auch 2015 noch ein Risiko darstellen, da sie
nicht einmal grundlegende Sicherheitstests bestehen. Aus diesem Grund müssten
Apps vor Nutzung verstärkt Sicherheitstest durchlaufen.[58]

Betrachtet man Gartners „Hype Cycle for Emerging Technologies"[59] für 2014/2015,
so lassen sich für die kommende Jahre weitere Technologien identifizieren, für die
es einen wachsenden Bedarf an IT-Sicherheit geben wird. Das „Internet of Things"

---

[52] Vgl. Choudhry, Umar (2014), S. 28 f.
[53] Vgl. Jones, Sarah (2014)
[54] Vgl. BMWi (2013), S. 35
[55] Vgl. IDC (2013)
[56] Vgl. Statista (2013)E
[57] Vgl. Gartner (2014a)
[58] Vgl. Gartner (2014b)
[59] Vgl. Gartner (2014d)

wird dabei sicherlich einer der signifikanten Treiber sein. Wearables, Spielkonsolen, Fernseher, Hausgeräte, Produktionsmaschinen (M2M) ..., die Liste der internetfähigen Geräte wird immer länger. Neben PCs, Servern und Smartphones müssen auch diese Geräte geschützt werden, denn ein jedes davon hat potentielle Sicherheitslücken und bietet somit Angriffsmöglichkeiten.

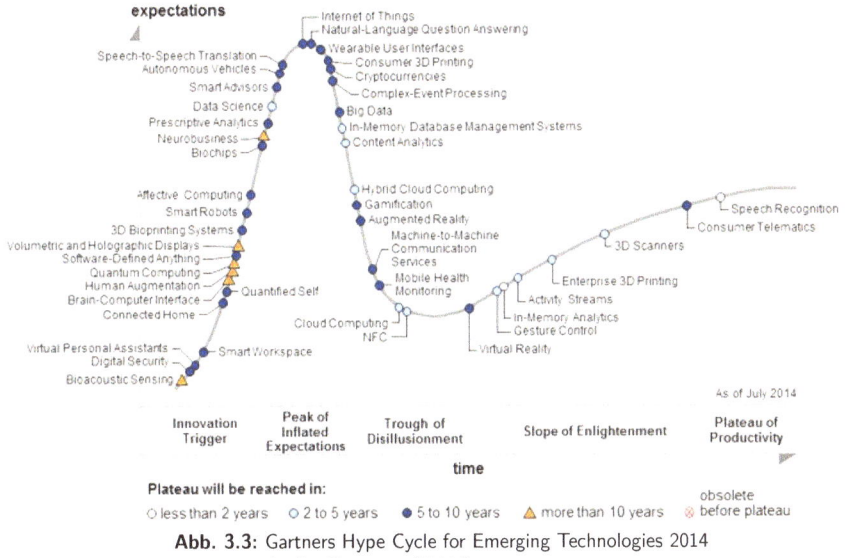

Abb. 3.3: Gartners Hype Cycle for Emerging Technologies 2014
Quelle: Gartner (2014d)

Neben dem *„Internet of Things"* wird autonomes Fahren in den nächsten Jahren ebenso zunehmen und Herausforderungen an die IT-Sicherheit stellen. Bereits heute sind automatische Einparkhilfen und andere Assistenten in vielen Fahrzeugtypen allgegenwärtig. Automobilkonzerne wie Mercedes Benz und BMW, aber auch der Internetkonzern Google arbeiten an dem vollständig autonom fahrenden Auto.[60] Das sich aber u. a. die Bordelektronik angreifen und kontrollieren lässt, zeigten Charlie Miller und Chris Valasek auf dem DefCon21-Event[61] im August 2013 am Beispiel eines Toyota Prius und Ford Escape.[62] Die Kontrolle über Gas, Bremsen und Lenkrad war in der Vorführung zwar nur über den Diagnoseanschluss der Service-Werkstätten möglich, das „Proof-of-Concept" bewies aber, was theoretisch möglich ist: Die volle Kontrolle über das Fahrzeug zu übernehmen.

---

[60] Vgl. Grüneweg, Tom (2013); Anker, Stefan (2014); Laursen, Lucas (2014)
[61] https://www.defcon.org/
[62] Vgl. Waugh, Rob (2013)

3.2.2 Öffentlicher Sektor

Auf der einen Seite ist der öffentliche Sektor (auch die Politik) selbst ein großer Abnehmer von Sicherheitsprodukten. Neben den USA, die 2014 ihre Ausgaben für IT-Sicherheit erneut deutlich erhöhten (z. B. US Cyber Command: +206 Millionen Euro, Department of Homeland Security: +28,6 Millionen Euro)[63], empfahl bspw. der „Strategische Verteidigungs- und Sicherheitsreport" bereits 2010 der Regierung Großbritanniens einer Erhöhung um knapp 1,4 Milliarden Euro zuzustimmen – und das, obwohl in fast allen anderen Bereichen des öffentlichen Haushalts Gelder gestrichen wurden.[64]

Auf der anderen Seite will die Politik selbst durch Regulierungen und Gesetze stärkeren Einfluss auf den Markt nehmen. So legte bspw. das deutsche Bundesinnenministerium im August 2014 den Entwurf eines IT-Sicherheitsgesetzes für kritische Infrastrukturen vor.[65] Innerhalb der Europäischen Union gibt es ferner Bestrebungen, die eigenen Maßnahmen im Bereich der IT-Sicherheit zu verstärken, sowie eine Cyberstrategie zu entwickeln. Man sieht dabei die Wirtschaft und Konsumenten als treibende Kräfte, jedoch müsse es mehr Vorgaben für Transparenz, Verantwortlichkeiten und Sicherheit geben.[66] Es ist geplant, einen Binnenmarkt für IT-Sicherheitsprodukte zu fördern und Privatunternehmen „Anreize zu Gewährleistung einer hohen Cybersicherheit" zu geben, da viele Unternehmen dieses Thema noch immer als „zusätzliches Ärgernis" ansehen würden.[67]

3.3 Zusammenfassung

Zusammenfassend lässt sich ein wachsender Markt für IT-Sicherheitsprodukte sowohl in den USA, als auch in Europa und dem Mittleren Osten & Asien identifizieren. Diese Feststellung wird durch weltweit steigende IT-Budgets in Großunternehmen und KMUs erhärtet.

Angetrieben durch neue Technologien wie *Cloud Computing*, *BYOD* oder *Big Data* wird der internationale IT-Sicherheitmarkt hauptsächlich durch die Markttreiber Wirtschaft, private Haushalte sowie Politik forciert. Deren Intention liegt zum einen in der Einführung und Nutzung dieser Technologien oder (unter dem Synonym *Internet of Things* zusammengefasster) internetfähiger Geräte, zum

---

[63] Vgl. Walker, Richard W. (2014)
[64] Vgl. Singer, P.W. und Friedman, Allan (2013), S. 163
[65] Vgl. Bundesministerium des Innern (2014)
[66] Vgl. Europäische Kommission (2013), S. 3 f.
[67] Vgl. ebd., S. 14

anderen sind sie jedoch auf Datenschutz und Privatsphäre bedacht. Die Politik hingegen will durch Gesetzesmaßnahmen und Regulierungen weiteren Einfluss auf den IT-Sicherheitsmarkt, sowie dessen Anbietern und Nachfragern nehmen.

Essentiell ist ferner die deutliche Veränderung der Anzahl von Marktanbietern. Während früher nur einige wenige Anbieter mit „universellen" Lösungen am Markt vertreten waren, gibt es inzwischen mehrere hundert Anbieter, die sich gezielt auf bestimmte Nischen wie Mobile Security oder Cloud-Identitätsmanagement spezialisiert haben. Hinzu kommen Einflüsse aus anderen Märkten wie der Versicherungsbranche, die mit dem IT-Sicherheitsmarkt Überschneidungen findet.

4 Fazit und Ausblick

Die zunehmende Relevanz von IT-Sicherheit zeichnet sich deutlich ab. Professionelle Cyberattacken (auch durch Staatsregierungen angewiesen) und Wirtschaftsspionage entwickeln sich immer mehr zu einem florierenden „Geschäftszweig". Dieser Trend dürfte zeitnah nicht abebben und für kriminelle Hacker noch lange attraktiv sein. Gezielt entwickelte und eingesetzte Malware wie *Stuxnet* und *Duqu* können als Vorhut betrachtet werden und dürften erst der Anfang gewesen sein. Versicherungsgesellschaften haben den „Trend" erkannt und bieten sowohl in den USA als auch innerhalb europäischer Staaten wie Deutschland inzwischen Cyber-Versicherungen an.

Auch Unternehmensführungen und die zuständigen Bereiche der Politik haben die Herausforderung und Notwendigkeit von professioneller IT-Sicherheit erkannt. Wie eingangs erwähnt, **entwickelt sich IT-Sicherheit immer stärker zu einer Managementaufgabe und ist (nicht mehr) als ein rein technisches Aufgabenfeld für IT-Professionals zu betrachten.**

Neben IT-Systemen müssen Mitarbeiter sensibilisiert, Geschäftsprozesse angepasst und IT-Sicherheitskonzepte erstellt und von Unternehmensführungen als wichtiger Bestandteil der Unternehmenskultur verstanden werden. Auch diese Faktoren werden sich mittelfristig auf den internationalen IT-Sicherheitsmarkt auswirken.

Literaturverzeichnis

Monographien

Choudhry, Umar (2014): *Der Cyber-Versicherungsmarkt in Deutschland*. Berlin: Springer-Verlag. ISBN: 978-3-658-07098-4.

Laudon, Kenneth C.; Laudon, Jane P.; Schoder, Detlef (2010): *Wirtschaftsinformatik: Eine Einführung*. 2. aktualisierte Auflage. München: Pearson Deutschland GmbH. ISBN: 978-3-8273-7348-9.

Zeitschriften und Veröffentlichungen

Behrends, Johannes (2013): „Cyber-Versicherungen haben eine große Zukunft — Unternehmen und Versicherer schenken den Risiken aus der IT bislang zu wenig Beachtung. Zu Unrecht." In: *Versicherungswirtschaft – Insurance Business Report* 2, S. 24–25. URL: https://www.vvw.de [Online; abgerufen am 19.11.2014].

Bitkom (2012): *Smartphone-Besitzer vernachlässigen Sicherheit*. URL: http://www.bitkom.org/de/presse/74532_72895.aspx [Online; abgerufen am 23.11.2014].

Bitkom (2014): *Nutzung von Cloud Computing in Unternehmen wächst*. URL: http://www.bitkom.org/de/markt_statistik/64086_78524.aspx [Online; abgerufen am 23.11.2014].

BMWi (2013): *Der IT-Sicherheitsmarkt in Deutschland – Grundstein für eine makroökonomische Erfassung der Branche*. Techn. Ber. Berlin: Bundesministeriums für Wirtschaft und Technologie (BMWi). URL: http://www.bmwi.de/DE/Mediathek/publikationen,did=585290.html [Online; abgerufen am 08.11.2014].

BSI (2013): *Fokus IT-Sicherheit 2013*. Techn. Ber. Bonn: Bundesamt für Sicherheit in der Informationstechnik (BSI. URL: https://www.bsi.bund.de/SharedDocs/Downloads/DE/BSI/Publikationen/Lageberichte/Fokus_IT-Sicherheit_2013_nbf.pdf [Online; abgerufen am 09.11.2014].

Castro, Daniel (2013): *How Much Will PRISM Cost the U.S. Cloud Computing Industry?* Techn. Ber. Washington DC: The Information Technology & Innovation Foundation, S. 1–9. URL: http://www2.itif.org/2013-cloud-computing-costs.pdf [Online; abgerufen am 24.11.2014].

Cisco Systems, Inc. (2014): *Cisco 2014 Annual Security Report*. Techn. Ber. San Jose, CA: Cisco Systems, Inc. URL: http://www.cisco.com/web/offers/lp/2014-annual-security-report/ [Online; abgerufen am 02.11.2014].

Europäische Kommission (2013): *Cybersicherheitsstrategie der Europäischen Union – ein offener, sicherer und geschützter Cyberraum.* URL: http://eeas.europa.eu/policies/eu-cyber-security/cybsec_comm_de.pdf [Online; abgerufen am 08.11.2014].

Krüger, Udo Michael (2014): „InfoMonitor 2013: Fernsehnachrichten bei ARD, ZDF, RTL und Sat.1". In: *Media Perspektiven* 2, S. 62–93. URL: http://www.media-perspektiven.de/publikationen/fachzeitschrift/2014/artikel/infomonitor-2013-fernsehnachrichten-bei-ard-zdf-rtl-und-sat1/ [Online; abgerufen am 01.11.2014].

McAfee (2014): *Internet Security Threat Report 2014*. Techn. Ber. Santa Clara, CA: McAfee. URL: http://www.mcafee.com/au/about/news/2014/q2/20140609-01.aspx [Online; abgerufen am 15.11.2014].

PricewaterhouseCoopers (2014): *Managing cyber risks in an interconnected world – Key findings from The Global State of Information Security Survey 2015*. Techn. Ber. New York: PricewaterhouseCoopers LLP. URL: http://www.pwc.com/gsiss2015 [Online; abgerufen am 13.11.2014].

Sophos GmbH (2014): *Security Threat Report 2014*. Techn. Ber. Wiesbaden: Sophos GmbH. URL: http://www.sophos.com/de-de/threat-center/security-threat-report.aspx [Online; abgerufen am 02.11.2014].

Symantec (2014): *Internet Security Threat Report 2014*. Techn. Ber. Mountain View, CA: Symantec Corporation. URL: http://www.symantec.com/de/de/security_response/publications/threatreport.jsp [Online; abgerufen am 09.11.2014].

VISA Inc. (2012): *Visa Data Security Alert – Dexter Malware Targeting Point-of-Sale (POS) Systems.* URL: http://usa.visa.com/download/merchants/alert-dexter-122012.pdf [Online; abgerufen am 09.11.2014].

Webquellen

Ackermann, Bob (2014): *Cybersecurity is hot, but a bubble it's not.* URL: http://venturebeat.com/2014/01/19/cybersecurity-is-hot-but-a-bubble-its-not/ [Online; abgerufen am 02.11.2014].

Anker, Stefan (2014): *Autonomes Fahren – Mein BMW braucht mich nicht mehr am Steuer.* URL: http://www.welt.de/123617418 [Online; abgerufen am 16.11.2014].

Böck, Hanno (2014): *Poodle gefährdet Verbindungen mit altem SSL.* URL: http://www.golem.de/news/verschluesselung-poodle-gefaehrdet-verbindungen-mit-altem-ssl-1410-109849.html [Online; abgerufen am 15.11.2014].

Bhattarai, Abha (2014): *Cyber-insurance becomes popular among smaller, mid-size businesses.* URL: http://www.washingtonpost.com/business/capitalbusiness/cyber-insurance-becomes-popular-among-smaller-mid-size-businesses/2014/10/11/257e0d28-4e48-11e4-aa5e-7153e466a02d_story.html [Online; abgerufen am 19.11.2014].

Bundeskriminalamt (2014): *Bundeslagebild Cybercrime 2013: Erpressung und Sabotage im Internet nehmen zu.* Wiesbaden. URL: https://www.bsi.bund.de/DE/Presse/Pressemitteilungen/Presse2014/Mailtest_21012014.html [Online; abgerufen am 09.11.2014].

Bundesministerium des Innern (2014): *Bundesinnenministerium legt Entwurf für IT-Sicherheitsgesetz vor.* Berlin. URL: https://www.bmi.bund.de/SharedDocs/Kurzmeldungen/DE/2014/08/einleitung-ressortabstimmung-it-sicherheitsgesetz.html [Online; abgerufen am 16.11.2014].

CBInsights (2014): *Cybersecurity – Initiating Coverage on 491 Private Companies.* URL: http://www.cbinsights.com/blog/cybersecurity-industry-mosaic/ [Online; abgerufen am 02.11.2014].

Dr. Pols, Axel (2013): *Weltweiter ITK-Markt wächst um 3,8 Prozent.* Website. URL: http://www.eito.com/press/Press-Releases-2013/Weltweiter-ITK-Markt-waechst-um-38-Prozent/ [Online; abgerufen am 08.11.2014].

Dropbox Blog (2014): *Dropbox wasn't hacked.* URL: https://blog.dropbox.com/2014/10/dropbox-wasnt-hacked/ [Online; abgerufen am 23.11.2014].

Food and Drug Administration (2013): *Cybersecurity for Medical Devices and Hospital Networks: FDA Safety Communication.* URL: http://www.fda.gov/medicaldevices/safety/alertsandnotices/ucm356423.htm [Online; abgerufen am 17.11.2014].

Gartner (2014a): *Gartner Says 40 Percent of U.S. Employees of Large Enterprises Use Personally Owned Devices for Work.* URL: http://www.gartner.com/newsroom/id/2881217 [Online; abgerufen am 09.11.2014].

Gartner (2014b): *Gartner Says More than 75 Percent of Mobile Applications will Fail Basic Security Tests Through 2015.* URL: http://www.gartner.com/newsroom/id/ 2846017 [Online; abgerufen am 09. 11. 2014].

Gartner (2014c): *Gartner Says Worldwide Information Security Spending Will Grow Almost 8 Percent in 2014 as Organizations Become More Threat-Aware.* URL: http: //www.gartner.com/newsroom/id/2828722 [Online; abgerufen am 08. 11. 2014].

Gartner (2014d): *Gartner's 2014 Hype Cycle for Emerging Technologies Maps the Journey to Digital Business.* URL: http://www.gartner.com/newsroom/id/ 2819918 [Online; abgerufen am 20. 11. 2014].

Gayer, Ofer (2014): *The Shellshock Aftermath – How Hackers Are "BashingSServers.* URL: http://www.incapsula.com/blog/shellshock-bash-vulnerability- aftermath.html [Online; abgerufen am 15. 11. 2014].

Gellman, Barton; Poitras, Laura (2013): *U.S., British intelligence mining data from nine U.S. Internet companies in broad secret program.* URL: http://www.washingtonpost. com/investigations/us-intelligence-mining-data-from-nine-us-internet- companies-in-broad-secret-program/2013/06/06/3a0c0da8-cebf-11e2- 8845-d970ccb04497_story.html [Online; abgerufen am 15. 11. 2014].

Grimes, Roger A. (2013): *Watch out for waterhole attacks – hackers' latest stealth weapon.* URL: http://www.infoworld.com/article/2614643/security/watch- out-for-waterhole-attacks----hackers--latest-stealth-weapon.html [Online; abgerufen am 02. 11. 2014].

Grüneweg, Tom (2013): *Selbststeuernder Wagen: Ausfahrt mit Autopilot.* URL: http: //www.spiegel.de/auto/aktuell/autonomes-fahren-unterwegs-mit-einer- s-klasse-auf-autopilot-a-920803.html [Online; abgerufen am 16. 11. 2014].

Heise (2014): *Apple zum Promi-Nacktfoto-Klau: Angriffe auf iCloud-Konten, aber keine Sicherheitslücke.* URL: http://heise.de/-2311747 [Online; abgerufen am 15. 11. 2014].

Heise Security (2010): *Stuxnet-Wurm kann Industrieanlagen steuern.* URL: http: //heise.de/-1080584 [Online; abgerufen am 18. 11. 2014].

Heise Security (2011): *Duqu nutzt bislang unbekannte Lücke im Windows-Kernel.* URL: http://heise.de/-1370005 [Online; abgerufen am 18. 11. 2014].

Heise Security (2013): *Einbruch bei Adobe: Millionen Kundendaten sowie Sourcecode von ColdFusion und Acrobat geklaut.* URL: http://heise.de/-1972175 [Online; abgerufen am 15. 11. 2014].

Heise Security (2014): *145 Millionen Kunden von eBay-Hack betroffen.* URL: http://heise.de/-2195974 [Online; abgerufen am 15. 11. 2014].

IDC (2013): *IDC Predicts 2014 Will Be a Year of Escalation, Consolidation and Innovation as the Transition to IT's 3rd Platform Accelerates.* URL: http://www.idc.com/getdoc.jsp?containerId=prUS24472713 [Online; abgerufen am 02. 11. 2014].

InternetLiveStats.com (2014): *Internet users in the World – November 2014.* URL: http://www.internetlivestats.com/internet-users/ [Online; abgerufen am 08. 11. 2014].

Jones, Sarah (2014): *Lloyd's CEO Sees Cyber Insurance to Surge After Attacks.* URL: http://www.bloomberg.com/news/print/2014-10-08/lloyd-s-ceo-sees-cyber-insurance-to-surge-after-attacks.html [Online; abgerufen am 19. 11. 2014].

Kaspersky Lab (2013): *Jahrestrend 2013: Gezielte Attacken auf Unternehmen, Partner und Zulieferer.* URL: http://www.kaspersky.com/de/about_kaspersky/news/virus/2013/Jahrestrend_2013_Gezielte_Attacken_auf_Unternehmen_Partner_und_Zulieferer [Online; abgerufen am 09. 11. 2014].

Kaspersky Lab (2014): *Neue Gefahren für Unternehmen. Via Spear-Phishing und Wasserloch-Attacken ins Unternehmensnetzwerk.* URL: http://newsroom.kaspersky.eu/de/texte/detail/article/neue-gefahren-fuer-unternehmen/ [Online; abgerufen am 02. 11. 2014].

Laursen, Lucas (2014): *Google Is Building Its Own Self-Driving Car Prototypes.* URL: http://spectrum.ieee.org/cars-that-think/transportation/self-driving/google-is-building-selfdriving-car-prototypes [Online; abgerufen am 16. 11. 2014].

MacAskill, Ewen; Borger, Julian; Hopkins, Nick; Davies, Nick; Ball, James (2013): *GCHQ taps fibre-optic cables for secret access to world's communications.* URL: http://www.theguardian.com/uk/2013/jun/21/gchq-cables-secret-world-communications-nsa/ [Online; abgerufen am 15. 11. 2014].

MarketsandMarkets (2013): *Increasing Demands Boost Business Prospects in Cyber Security Market.* URL: http://www.marketsandmarketsblog.com/cyber-security-market.html [Online; abgerufen am 09. 11. 2014].

MicroMarket Monitor (2014a): *Europe Cyber Security Market.* URL: http://www.micromarketmonitor.com/market/western-europe-cyber-security-4129808188.html [Online; abgerufen am 24. 11. 2014].

MicroMarket Monitor (2014b): *Middle East and Africa Cyber Security Market Research Report.* URL: http://www.micromarketmonitor.com/market/middle-east-and-africa-cyber-security-9122775574.html [Online; abgerufen am 24.11.2014].

Mutton, Paul (2014): *Half a million widely trusted websites vulnerable to Heartbleed bug.* URL: http://news.netcraft.com/archives/2014/04/08/half-a-million-widely-trusted-websites-vulnerable-to-heartbleed-bug.html [Online; abgerufen am 15.11.2014].

NetMarketShare (2014): *Desktop Top Operating System Share Trend – December 2013 to October 2014.* URL: http://www.netmarketshare.com/operating-system-market-share.aspx?qprid=11&qpcustomb=0 [Online; abgerufen am 17.11.2014].

Sanger, David E. (2012): „Obama Order Sped Up Wave of Cyberattacks Against Iran". In: *New York Times.* URL: http://www.nytimes.com/2012/06/01/world/middleeast/obama-ordered-wave-of-cyberattacks-against-iran.html [Online; abgerufen am 22.11.2014].

Statista (2013): *Anzahl der Personen weltweit, die das Internet über ihr mobiles Endgerät nutzen im Jahr 2013 und Prognose bis 2017 (in Milliarden).* URL: http://de.statista.com/statistik/daten/studie/172505/umfrage/anzahl-der-personen-weltweit-die-mobil-das-internet-nutzen/ [Online; abgerufen am 08.11.2014].

Viruslist.com (2008): *Neue IT-Bedrohungen, neue Abwehrmaßnahmen: Die Entwicklungsgeschichte von Viren und Antivirus-Programmen.* URL: http://www.viruslist.com/de/analysis?pubid=200883604 [Online; abgerufen am 09.11.2014].

Walker, Richard W. (2014): *Budget Bill Boosts Cybersecurity Spending.* URL: http://www.informationweek.com/government/cybersecurity/budget-bill-boosts-cybersecurity-spending/d/d-id/1113494 [Online; abgerufen am 22.11.2014].

Waugh, Rob (2013): *"Car hackers"to show off how they can "control"vehicles with a laptop.* URL: http://www.welivesecurity.com/2013/07/26/car-hackers-to-show-off-how-they-can-control-vehicles-with-a-laptop/ [Online; abgerufen am 18.11.2014].